Norbert Golluch

Schlemmer-Horoskop

Der naschhafte

Steinbock

Illustriert von Birgit Tanck

Eichborn.

Die Deutsche Bibliothek - CIP-Einheitsaufnahme

Golluch, Norbert

Das Schlemmer-Horoskop / Norbert Golluch. Ill. von Birgit Tanck.

Frankfurt am Main : Eichborn

Der naschhafte Steinbock - August 1996

ISBN 3-8218-3441-2

Umschlaggestaltung: Heike Unger unter Verwendung

von Zeichnungen von Birgit Tanck

Layout: Norbert Golluch

Druck und Bindung: Graphicom, Vicenza

ISBN 3-8218-3441-2

Verlagsverzeichnis schickt gern:

Eichborn Verlag, Kaiserstr. 66, 60329 Frankfurt am Main

Charakter & Küche

Wie Steinböcke genießen

Die positiven Eigenschaften dieses Sternzeichens machen es bei seinen Mitmenschen überaus beliebt: Steinbock-Menschen gelten als enorm regsam und fleißig und treten dennoch ihren Mitmenschen in einer schlichten und bescheidenen Art gegenüber. Dahinter verbirgt sich aber auch eine gehörige Portion Ehrgeiz und Strebsamkeit in ihrer Person.
Doch gibt es auch Schattenseiten ihres Wesens: Häufig stehen sie ihrer Umwelt mit übergroßem Argwohn und nicht sehr anpassungsfähig gegenüber. Ihr Motto in Krisensituationen scheint zu lauten: keine Experminente! Deshalb wählen Steinböcke häufig lieber den altbewährten als einen neuen, vielleicht effektiveren oder vorteilhafteren Weg. Auch eine Neigung zu hierarchischen Strukturen und Verhaltensweisen wird ihnen nachgesagt.

Diese und einige weitere Wesenseigenschaften des Steinbock-Menschen behindern auch seine feinschmeckerische Seite: sein Hang zu konservativen Einstellungen, seine manchmal übertriebene Sparsamkeit und sein (Besser-)Wissen über gesunde Ernährung. Eher förderlich hingegen ist seine Naschhaftigkeit. Es fällt dem Steinbock schwer, einem unerwarteten Leckerbissen zwischendurch zu widerstehen.

Es gilt also, einen seriösen, preiswerten, gesunden und moralisch vertretbaren Einstieg in die Feinschmeckerei zu finden, wenn man einen Steinbock an das gute Essen heranführen will - am besten auf dem Weg kleiner Leckereien. Denn Geschmack haben Steinböcke schon, und das nicht zu knapp. Genaugenommen sind sie in ihrer kritischen, akribischen und unbestechlichen Art neben Menschen des Zeichens Jungfrau die idealen Restauranttester und anspruchsvollen Köche mit ausgeprägtem Gespür für Preiswürdigkeit...

Welcher Genießertyp ist Ihr Mitmensch?

Sie kennen, lieber Steinbock-Mensch, vielleicht sich selbst und Ihre lukullischen Wünsche. Aber es ist durchaus nicht ohne Belang, etwas über sein Gegenüber am Tisch zu wissen. Hier erfahren Sie die wichtigsten astrologischen Charaktereigenschaften Ihrer Tischgefährten, so daß Sie sich ein wenig in der Wahl des Lokals und der Speisen auf Ihre Mitmenschen einstellen können. Sie werden staunen, wie zufrieden Ihre Tischgefährten plötzlich sein werden.

Im Zeichen Widder Geborene

Widder sind von Natur aus schnelle, spontane, begeisterungsfähige, aber wegen ihres atemberaubenden Tempos manchmal auch etwas oberflächliche Menschen. Wegen ihrer Unternehmungslust gehen sie gern und häufig zum Essen aus und lieben es, im privaten Kreise zum Essen eingeladen zu werden. Auf einen echten Genuß müssen sie häufig erst eingestimmt werden, sonst rauscht dieser unbemerkt an ihnen vorbei. Als Liebhaber starker Reize tendieren sie ungeschult beim Essen häufig zu überwürzten und verwürzten Speisen und leeren ihren Teller in erstaunlicher Geschwindigkeit.Ihre Tischgefährten beenden eben die Vorspeise, wenn der Widder den Nachtisch bestellt. Widder, die als Feinschmecker echte Anleitung erhalten, können aber bei einer gut gedeckten Tafel und einem erlesenen Essen Ruhe und Entspannung finden.
In der Wahl ihrer Lokale sollten Widder mehr Kritikfähigkeit zeigen: Oft übersehen sie in ihrer Begeisterung oder im Streß wichtige Details und bringen sich so um das Eßvergnügen. Allerdings sollten Widder darauf achten, nicht als Feinschmekker in denselben Leistungsstreß zu verfallen, dem sie sonst obliegen. Sternchensammeln und Lokale

durchhecheln - das bringt nichts ein. Weil Widder gern gesellig essen, kann das Essen bei angeregtem Gespräch und Kontaktversuch in den Hintergrund geraten. Hier gilt es, aufmerksam zu machen und das Interesse des Widders für kulinarische Genüsse zu wecken oder wachzuhalten.

Steinbock und Widder sind nicht eben ideale Tischgenossen. Der Steinbock schätzt es nicht, wenn der Widder in die ungewöhnlichsten Bereiche der Speisekarte abdriftet und ihm dann auch noch enthusiastisch Bericht erstattet. Der Widder hingegen findet die Menüfolgen des Steinbocks ermüdend normal und wenig anregend. Auch unterscheiden sich beide deutlich in der Zeitwahrnehmung und ihrer Einschätzung der Kosten für ein Eßerlebnis. Während der Widder zum Leichtsinn tendiert, tut dem Steinbock jeder Pfennig weh, wenn die gebotene Gegenleistung nicht stimmt.

Nicht ideal: Steinbock und Einheitsrechtschreiber **Konrad Duden** (*3.1.1829) sowie Widder mit Durchblick **Wilhelm Conrad Röntgen** (*27.3.1845).

Im Zeichen Stier Geborene

Menschen des Sternzeichens Stier sind offene, ehrliche und unbekümmerte Zeitgenossen. Sie denken geradeheraus, stehen zu ihren Freunden und zeichnen sich in der Partnerschaft durch Treue und große Ausdauer aus. Der unkomplizierte und »naturbelassene« Stier tendiert beim Genuß zur Quantität: starke Reize in großer Menge sind sein

Credo. Erst mit der Zeit lernt er, feinere Nuancen zwischen salzig und bitter, süß und scharf zu schmecken. Lange Zeit behindert den durchschnittlichen Stier die angeborene Angst, zu kurz zu kommen. Auch nur ein wenig kleinere Portionen in einem edlen Lokal erwecken in ihm das untergründige Gefühl, betrogen zu werden. Erst nach und nach gewinnt er Zugang und Vertrauen in die Welt des feinen Geschmacks, über den er durchaus verfügt. Alltägliche Stiere und auch Stier-Feinschmekker lieben beim Essen die Ruhe. Sie essen langsam und beschaulich, mögen keine unruhigen Tischgespräche oder eine hektische Atmosphäre mit umherhuschendem Personal. Laute Tischmusik ist ihnen ein Greuel, denn sie wollen sich stets auf nur einen Genuß konzentrieren. Ein abseits gelegener Tisch, eine zuvorkommende, aber nicht geschwätzige Bedienung wissen sie zu schätzen.

Steinbock und Stier ergänzen sich zu einer großartigen Tischgemeinschaft. Beide sind den Freuden der konventionelleren Küche zugeneigt, und beide behalten über aller Schlemmerei die Kosten im Auge. Ihre Tischgespräche sind keine fantasievollen Höhenflüge, sondern kreisen meist um handfeste Themen, häufig aus dem Geschäftsleben. Und beiden kommen beim Essen die besten Ideen mit Gewinnerzielungsabsicht. Leidtragende dieser Tischgemeinschaft ist die Bedienung: Trinkgelder in nennenswerter Höhe sind nicht zu erwarten… Das prominente Paar: alpiner Steinbock **Emil Steinberger** (*6.1.1933) und Stier-Kabarettist **Hans Dieter Hüsch** (*6.5.1925).

Im Zeichen Zwilling Geborene

Zwillinge sind wild auf neue und exotische Genüsse. Sie lieben nichts weniger als Konvention, wollen auch mit der Zunge neue Erkenntnisse sammeln und schrecken auch vor gewagten Neukreationen und Experimenten nicht zurück. Anders und weniger wohlwollend gesagt: Zwillinge essen einfach alles. Vom Fast-Food-Palast bis zum Sternerestaurant sind sie anzutreffen, immer auf der Suche nach neuem Gaumenkitzel. Ihrem Urteil als Feinschmecker sollte man so ohne weiteres besser nicht folgen. Auch ist ihre Sensibilität für Atmosphäre und Ambiente eher unterentwickelt. Was andere Sternzeichen für einen Fauxpas in der Einrichtung eines Lokals halten, finden Zwillinge mit ihrem Wunsch nach Neuem auf den ersten Blick »originell«. Lukullisch erfahrene Zwillinge ziehen

eine Speisenfolge mit vielen unterschiedlichen Kleinigkeiten wenigen Gerichten mit größeren Portionen vor. Mit Vorliebe schwelgen sie in Vorspeisen. **Steinbock und Zwilling** passen etwa so gut zusammen wie ein Fisch und ein Fahrrad. Während der Zwilling im Tischgespräch gegen eine menschliche Wand anzureden glaubt, fühlt sich der Steinbock durch das nimmermüde Mundwerk des Zwillings genervt, zumal dieser - wie der Steinbock meint - nur belangloses Zeug daherplappert. Die Speisenauswahl des Steinbocks findet der Zwilling spießig und langweilig, während der Steinbock ständig an der Übelkeitsschwelle kämpft, wenn er die Abartigkeiten auf dem Teller des Zwillings betrachtet. Das man so etwas essen kann… Offensichtlich unpassende Prominenz: Regier-Steinbock **Konrad Adenauer** (*5.1.1876) und Regie-Zwilling **Rainer Werner Fassbinder** (*31.5.1945).

Im Zeichen Krebs Geborene

Allen Genüssen zugewandt, lieben Krebse das gute Essen über alles. Dabei wählen sie eher traditionelle Küche (durchaus in verfeinerten Varianten) und die traditionelle Tafel. Das Ambiente hat für den Krebs eine hohe Bedeutung; Tischdekoration, Beleuchtung und auch die Kleidung der Tischgefährten müssen stimmig zueinander passen.
Krebse lieben das Heimelige oder Intime. Große Restaurants und Feierlichkeiten liegen ihnen nicht so sehr. Auch schmeckt ihnen das Essen »von der Stange« nicht. Das Candlelight-Dinner zu zweit ist ihnen mit Abstand lieber als jede größere geselligere Form des öffentlichen Essens. Die Ausnahme: Recht gern mögen sie die kleine Tafel im engeren Familien- oder Freundeskreis. Denn: Ganz allein ißt auch der Krebs nicht gern.
Steinbock und Krebs fühlen sich miteinander kaum wohl. Der weiche und einfühlsame Krebs sieht sich vom häufig etwas sturen Steinbock schon bei der Bestellung dominiert (»Eß ich nicht, so ein überteuertes Zeug!«) und im Tischgespräch unverstanden. Die Knauserigkeit des Steinbocks macht selbst dem sparsamem Krebs Bauchschmerzen. Auch ist die lustvolle Art des Genießens, die der Krebs an den Tag legen kann, dem Steinbock fremd. Er erfreut sich eher am eingesparten Trinkgeld.
Ihnen schmeckt es zusammen nicht: Rock'n' Roll-Steinbock **Elvis Presley** (*8.1.1935) und Regie-Krebs **Ingmar Bergman** (*14.7.1918).

Im Zeichen Löwe Geborene

Löwe-Menschen gelten als großzügig und weltoffen - sie sind die idealen Gastgeber. Dies nicht nur, weil sie um das Wohl ihrer Gäste bemüht sind, sondern weil sie selbst gern und ausdauernd feiern. Es ist ihnen ein echtes Bedürfnis, hin und wieder in glanzvollem Rahmen mit Menschen zusammenzutreffen. Auch gehören Angehörige dieses Sternzeichens in ihrer selbstsicheren und vitalen Art zu den beliebtesten Gästen eines Restaurants.
Ungeschulte Löwen allerdings verwechseln allzu leicht Verpackung und Inhalt. Sie achten zu sehr auf den prunkvollen Rahmen und übersehen dabei oft andere Qualitäten. Eine zuvorkommende, ja ihnen schmeichelnde Bedienung ist manchem Löwen wichtiger als wirklich gutes Essen. Schwere, goldene Leuchter, Brokatgardinen, eine bombastische Tafel oder auch ein kalter, aber feierlicher Designpalast in Chrom und Glas blendet sie leicht. Ständig sind solche Löwen auf der Suche nach einem neuen Parkett für einen ihrer glanzvollen Auftritte. Ihre Zunge ist weniger ausgebildet - fein entwickelt hingegen ist ihr Gespür für das Protokoll. Wenn Löwen lukullische Erfahrungen gesammelt haben, gehört neben dem dann deutlich ausgeprägten guten Geschmack der Speisen stets der Effekt mit zu einem kulinarischen Ereignis. Allerdings sind sie nicht mehr mit flambiertem Irgendwas zufriedenzustellen wie völlig unerfahrene Angehörige dieses Zeichens. Doch bleibt ein aufwendi-

ges Ambiente neben der Qualität der Speisen für sie stets bedeutungsvoll. Werden ihre Bedürfnisse erfüllt, zeigen sich Löwe-Menschen überaus erkenntlich.

Steinbock und Löwe an einem Tisch - das geht schief. Während der Steinbock argwöhnisch die Pfennige, Märker und Scheinchen zählt, die der Löwe verschwendet, hält er diesem mit geradezu missionarischem Eifer Vorträge über gesunde und preiswerte Ernährung. Wenn der Löwe eines nicht mag, sind das Preisschilder an den Dingen, mit denen er sich verwöhnen will, oder Belehrungen über sein Verhalten. Während der Steinbock den Löwen für einen verblödeten Verschwender hält, tendiert dieser schnell zu ähnlich abqualifizierendem Urteil: ein konservativer Korinthenkacker... Bleibt zu hoffen, daß günstige Aszendenten oder vermittelnde Tischgenossen den zu erwartenden Super-GAU zwischen beiden Zeichen verhindern.

Eine gefährliche Paarung: der Kölsche Steinbock **Willy Millowitsch** (*8.1.1909) und Spannungs-Löwe **Alfred Hitchcock** (*13.8.1899).

Im Zeichen Jungfrau Geborene

Jungfrauen sind gewissenhafte, kritische und sorgfältige Menschen. So hilfsbereit, zuverlässig und verständnisvoll sie ihren Mitmenschen gegenübertreten, so hoch sind ihre Ansprüche würden diese. Dies gilt auch und insbesondere für das Essen. Jungfrau-Menschen gelten als wählerische und penible Esser. Sie fürchten um ihre Gesundheit, lieben nur leichte Kost, halten Essen dabei aber oft für eine - allerdings angenehme - Nebensache. Auch bereiten ihnen die mit gutem Essen verbundenen Kosten Magenschmerzen, denn Jungfrauen sind von Natur aus sparsam. Große Galadinners oder rauschende Feste inszenieren sie nicht oder nur selten. Dafür besuchen sie dererlei Veranstaltungen gern. Am besten schmeckt ihnen leichtes und ausgesucht frisches Essen - wenn es nichts kostet. Von ihrer Wesensart her (Sparsamkeit, dennoch hohe Qualitätsansprüche, Akribie) eignen sich Jungfrauen hervorragend als Küchenchefs eines großen Hotels - wenn ein günstiger Aszendent für eine Prise Kreativität sorgt. Ansonsten ist Restauranttester oder Küchenkritiker der richtige Beruf für sie.

Steinbock und Jungfrau bilden eine gute Tischgemeinschaft. Sie gehen nicht nur in der Wahl der

Speisen und Getränke konform, wobei der Steinbock noch konventioneller als die Jungfrau wählt. Sie stimmen auch in ihren Ansprüchen an Preis (niedrig) und Qualität (hoch) überein. Für Außenstehende wirken ihre Gespräche zwar verkopft und staubtrocken, doch beide finden diese Art der Unterhaltung sehr befriedigend. Hinweis an die Bedienung: Mikroskop für das Trinkgeld bereithalten! Prominent, aber sparsam: Steinbock-Poetin **Annette von Droste-Hülshoff** (*10.1.1797) und Jungfrau **Michael Jackson** (*29.8.1959).

Im Zeichen Waage Geborene

Die feinsinnigen Waage-Menschen sind geborene Feinschmecker. Nicht ein einzelnes Gericht oder Rezept macht sie glücklich: Sie sehen das Essen - wie alles im Leben - als Gesamtkunstwerk. Geruch, Geschmack, taktiler und oraler Genuß, das Gefühl eines edlen Weines auf der Zunge, der harmonische Einklang von Architektur, Mobiliar, Tischgestaltung und freundlichen, gutgelaunten Menschen - das ist es, was sie lieben. Ein geistvolles Gespräch, ein Spaziergang durch eine laue Sommernacht - alle Details sind für eine Waage Zutaten zum Menü. Verständlich, daß einer Waage schnell die Stimmung vergeht, wenn etwas nicht ihren Erwartungen entspricht. Ein dumpfer, grölender Gast, eine Soße aus der Welt der Brühwürfel, und die Waage ist mißgelaunt und bricht das Ereignis ab.

Steinbock und Waage sind an einem Tisch kein Glücksfall: Die luxuriös denkende (und lebende) Waage irritiert den Steinbock mächtig, und ihre Getränke und Gerichte sind schon aus Kostengründen nicht die seinen. Die Gesprächsthemen des Steinbocks (Bausparen, Haushaltstips, die Aussicht auf Beförderung zum Unterhilfsassistenten des Abteilungsleiters) sind nicht der Stoff, aus dem die Träume der Waage sind. Der Steinbock wiederum weiß mit deren Klatsch und Tratsch aus Gesellschaft und Kulturleben wenig anzufangen. Die Folge: Beide fühlen sich massiv unwohl.
Keine idealen Tischgefährten: Ex-Präsi-Steinbock **Richard Nixon** (*9.1.1913) und Rock-Waage **Sting** (*2.10.1953).

Im Zeichen Skorpion Geborene

Skorpion-Menschen gelten als willensstarke und leidenschaftliche Personen. Zwar können sie auch selbstlose und aufopfernde Mitmenschen sein, doch dominiert in der Regel ihre Individualität. Ihre ausgeprägte Persönlichkeit bricht sich häufig auch in bezug auf das Essen und ihre Ernährung Bahn. Für viele durchschnittliche und ungeschulte Skorpione allerdings sind die meisten Belange der Küche und der damit verbundenen Lebensbereiche eher nebensächlich. Skorpione essen, weil sie müssen - oder auch nicht. Extreme regieren, denn Skorpione gehen häufig rücksichtslos mit sich und ihrem Körper um. Phasen langen Verzichts folgen wilde, aber wenig genußreiche Gelage. Der rauhe Einfluß des Sternbilds Skorpion muß also gebrochen, der Geschmack verfeinert werden. Dies gelingt besonders dann, wenn den Speisen und Rezepturen Wirkungen nachgesagt werden: Ein Gesundheitsmenü oder ein Liebesmahl weckt das Interesse des Skorpions. Auch lieben es Menschen dieses Sternzeichens, in mystische Zusammenhänge, geheime Rezepturen eingeweiht zu werden und zu einer Gruppe von Auserwählten zu gehören. Vermutlich liegt hier die Motivation für zahlreiche Spitzenköche dieses Sternzeichens, die sich mit betont individuellen Kreationen zu wahren Geschmacksgipfeln aufschwingen....

Steinbock und Skorpion ähneln sich in Anschauungen und Zielsetzungen und sind deshalb durch eine geistige Verwandschaft verbunden. Es ist also weniger die Übereinstimmung im Geschmack, die sie bei Tisch gut miteinander auskommen läßt. Ihre tiefernsten Tischgespräche würden kaum einen Angehörigen eines anderen Sternzeichens ansprechen, auch wenn sie zueinander dennoch nicht bis ins letzte offen sein können. Kritisch wird es, wenn der bei beiden Zeichen ausgeprägte Starrsinn sich geballt gegen andere Gäste oder das Personal richtet. Gutes Ätz-Team: Steinbock-Diva **Marlene Dietrich** (*27.12.1901) und Macho-Skorpion **Charles Bronson** (*3.11.1922).

Im Zeichen Schütze Geborene

Schütze-Menschen gelten als wißbegierig und vielseitig. Sie sind bekannt für ihr optimistisches Wesen und ihre Reiselust. Die Schattenseiten ihrer Persönlichkeit: Unrast und Selbstüberschätzung. In bezug auf das Essen macht ihnen besonders ihre innere Unruhe zu schaffen: Auch der unerfahrene Schütze neigt - wie der Widder - zum hektischen Verzehr großer Mengen der merkwürdigsten Speisen. Doch anders als bei diesem - der Widder steht auf scharfe Gewürze - spielt im Sternbild Schütze bei ungeschulten Vertretern dieses Zeichens der Geschmack scheinbar überhaupt keine Rolle. Solche Schützen essen in Fast-Food-Palästen, Pommesbuden, Imbißketten, aus der Dose und aus der 5-Minuten-Terrine. Wenn man sie allerdings an gutes Essen heranführt, werden sie hellwach und staunen nicht schlecht: So gut kann Essen schmekken! Einmal erweckt, werden sie nicht mehr auf einen gewissen Standard verzichten wollen.

Geschickte kulinarische Verführer fesseln Schützen mit ihrem Interesse an Exotik und ausgefallenen Genüssen, denn häufig bringen Schützen von ihren ausgedehnten Reisen bereits gewisse Erfahrungen mit.

Steinbock und Schütze könnten im ersten Gespräch auf die Idee kommen, zusammenzupassen. Doch diese Illusion verfliegt, wenn sie erkennen, daß sie die bei beiden Zeichen vorhandenen hochfliegenden Zukunftspläne völlig unterschiedlich verfolgen: Der Steinbock agiert (Element Erde) immer schön klein-klein, während der Schütze (Element Feuer) Luft-Schlösser baut. Nach drei Minuten erstirbt das Tischgespräch, und beide sind peinlich berührt. In Sachen Geschmack gibt es ebenfalls kein Zusammenkommen: Die spießige Küche des Steinbocks paßt nicht zum exotischen Kochbuch des Schützen.

Das prominente Paar: der Hartgummi-Steinbock **Charles Goodyear** (*29.12.1800) und der Schütze mit Stern **Carl Benz** (*25.11.1844).

Im Zeichen Steinbock Geborene

Die lukullischen Eigenschaften des Sternzeichens Steinbock sind Ihnen ja bereits bekannt. Nun muß es aber nicht unbedingt sein, daß zwei Menschen des gleichen Zeichens miteinander harmonieren. Es kann im Gegenteil auch zu einer ungünstigen Ballung identischer Energien kommen. Genau das gilt im Falle dieses Tierkreises:

Zwei Vertreter des Sternzeichens Steinbock sind bei Tisch für jeden Gastgeber und Gastronomen eine Landplage. Entweder nerven sie durch ständige Nörgelei und Kritik an der Qualität der Speisen und Getränke (»Das hat unsere Oma aber besser gekocht!«) oder sie verfallen in einen Rausch der Melancholie, die Steinböcke hin und wieder überfällt. Im Doppelpack wird aus einem Tischgespräch ein Klagelied, dessen Ausstrahlung ganze Lokale in den Ruin ziehen kann. Aufheiternde Getränke oder ein Gericht auf Kosten des Hauses (O-Ton Steinbock: »Umsonst? Hurra!«) verhindern das Schlimmste. Zusammen sind sie unerträglich: Polit-Steinbock-Duo **Mao Tse-tung** (*26.12.1893) und **Helmut Schmidt** (*23.12.1918).

Im Zeichen Wassermann Geborene

Wassermann-Menschen gelten als beweglich, freiheitsliebend, erfinderisch und voller Fantasie. Der Wunsch nach Wechsel und Veränderung ist in ih-

rer Persönlichkeit besonders ausgeprägt. Es gibt das Gerücht, daß Wassermänner als Gäste niemals dasselbe zweimal bestellen. Hin und wieder jedoch wird der Wunsch nach Neuem zu einer Sucht nach Originalität - und das auf Kosten der Qualität.
Der Wassermann ist, nicht nur, was das Essen betrifft, der absolut erlebnishungrige Genießertyp. Lukullische Experimente erregen und beflügeln Wassermänner zu guten Ideen und großen Entwürfen auch in anderer Hinsicht. Für ihr Leben gern erkunden sie neue Restaurants und Rezepturen - es ist ein Vergnügen, mit ihnen durch die Lande zu ziehen. Wassermänner benehmen sich weltmännisch und fallen durch eine angenehm natürliche Umgangsart auf. Sind Wassermänner als Köche tätig, so bestechen ihre eigenständigen, oft völlig ungewöhnlichen Kreationen - nichts für traditionsbewußte Steinböcke.
Steinbock und Wassermann haben bei Tisch Mühe miteinander. Weder harmonieren Geschmack (Experiment kontra Tradition) noch intellektuelle Interessen. Der überrealistische und erfolgsorientierte Steinbock schubst den Wassermann im Tischgespräch oft aus dessen Luftschlössern, und er knallt hart auf dem Boden der Tatsachen auf. Schlimm für den Weltenretter Wassermann, dem der »Kleingeist« Steinbock künftig gestohlen bleiben kann. Zu zweit allein läßt man die beiden besser nicht an einen Tisch! Geraten zu leicht in Streit: Steinbock **Michel Piccoli** (*27.12.1925) und Wassermann **Pierre »Winnetou« Brice** (*6.2.1929).

Im Zeichen Fische Geborene

Menschen des Sternzeichens Fische gelten als schüchtern, sensibel, sanft und rücksichtsvoll. Sie nähern sich ihren Mitmenschen vorurteilsfrei und können sich in die Psyche ihres Gegenübers einfühlen. Alles Sinnliche und Lustbetonte liegt ihnen nah, und dies gilt besonders für alle Belange von Küche und Keller. Auch lukullisch unerfahrene Fische essen mit Leidenschaft, denn sie stehen allen Sinneslüsten offen gegenüber. Ihre Tischsitten sind salopp - besonders nach dem Genuß gehaltvoller Getränke zu den Speisen - in den Augen Angehöriger mancher ordnungsverliebter Tierkreise beklagenswert. Fische sehen das meist locker - eine entspannte Atmosphäre gehört dazu. Es würde einen Fische-Menschen (und nicht nur diesen) stören, wenn allzusehr auf Etikette geachtet oder in hektischer Geschäftigkeit »Ordnung« gemacht würde.

Als Köche werden Fische ihre Gäste nie enttäuschen. Manche schwingen sich gar zu ungeahnten Höhen auf, und es gelingt ihnen, ihre eigene Lust am Essen an ihre Gäste zu vermitteln.

Fische mit gesundheitlichen Beeinträchtigungen konvertieren manchmal vom echten Genießer zum Gesundheitsapostel, propagieren Rohkost (die sie übrigens ausgesprochen lustvoll zubereiten und anrichten), belästigen hin und wieder ihre Mitmenschen mit Bekehrungsversuchen und sollten allein zu Hause essen.

Steinbock und Fisch ergänzen sich astrologisch gut, obwohl ihre Charaktereigenschaften konträr erscheinen. Der Steinbock überläßt dem Fisch die Auswahl der Speisen und Getränke, und dieser gönnt ihm dafür das Vergnügen zu zahlen - was der Steinbock rätselhafterweise auch noch gerne tut. Im Gespräch findet der Steinbock seine Verstandeswelt durch eine schöne Portion Gefühl erfrischt, und der Fisch gewinnt durch die festen Ansichten des Steinbocks an Rückhalt und Orientierung. Der Einfluß beider aufeinander ist erstaunlich: Weder wird der Fisch das Lokal mit Schlagseite verlassen noch sich der Steinbock das Trinkgeld sparen - ein wahres Wunder!
Harmonieren gut: der coole Steinbock **Humphrey Bogart** (*25.12.1899) und der kapitale Fisch **Gert Fröbe** (*25.2.1913).

Wenn Sie Gast sind...

Sie sind eingeladen, und die Gastgeberin oder der Gastgeber kochen selbst. Wie schön für Sie! Oder auch nicht, denn Angehörige mancher Sternzeichen sind in der Küche keine Genies oder überraschen ihre Gäste mit merkwürdigen Kreationen. Wenn Sie gar nicht wissen wollen, was sie erwartet, dann überschlagen Sie diese Kapitel. Wenn Sie vorbereitet sein wollen, bekommen Sie hier zumindest einen Vorgeschmack.

Widder-Gastgeber

sind keineswegs geborene Köche. Sie arbeiten hektisch und ohne die nötige Hingabe. Tip: Wünschen Sie sich etwas Einfaches - das kriegen sie gerade noch hin: kurzgebratenes Fleisch oder ein Nudelgericht. Oder hoffen Sie auf einen Zufallstreffer. Rechnen Sie jedenfalls mit scharfen Geschmacksrichtungen. Im schlimmsten Falle wird Sie ein Widder-Gastgeber durch einen Party-Service oder einen Mietkoch bewirten lassen.

Gastgeschenke für Menschen des Sternzeichens Widder: ein Trockenstrauß mit Zierdisteln oder eine originelle Kaktee (Mars!), ein Schnellkochbuch, eine CD mit Rockmusik, eine Flasche Tequila oder eine Karte für das Fußball-Länderspiel oder Tennisturnier.

Stier-Gastgeber

kochen mit Ruhe und Sachkunde. Sie bevorzugen zwar die deftige Richtung, leisten in dieser Disziplin am Kochtopf aber Beachtliches. Sie kreieren zwar keine Haute Cuisine, aber handfeste Meisterwerke der Hausmannskost. Alle werden satt, und es schmeckt vorzüglich. Dazu schaffen sie eine sehr persönliche Atmosphäre.

Gastgeschenke für Menschen des Sternzeichens Stier: ein Strauß Narzissen oder Rosen, eine Primel im Topf, eine Flasche Aquavit, ein Kochbuch »1000 Rezepte der Hausmannskost«, ein praktisches Küchengerät oder eine Schachtel feiner Pralinés.

Zwilling-Gastgeber

stürzen ihre Gäste in echte Krisen. Nicht nur, daß ihnen der Sinn für die Tischdekoration fehlt; meist ist das Essen lieblos und ohne echte Aufmerksamkeit zusammengesucht. Sogar Tiefkühlkost, industrielle Fertigprodukte und Konserven werden aufgetischt. Einzig das geistvolle Tischgespräch entschädigt. Essen Sie besser vorher zuhause; dem Zwilling fällt ohnehin nicht auf, daß Sie nicht zulangen. Sein Interesse für gepflegtes Essen strebt gegen Null, wenn ihn niemand anleitet.
Gastgeschenke für Menschen des Sternzeichens Zwilling: ein Strauß Gänseblümchen oder selbstgepflückter Holunder, eine Flasche Cognac, ein Kochbuch »1000 Vorspeisen in zehn Minuten« oder ein Fläschchen Sandelholzduft.

Krebs-Gastgeber

sind ein Glücksfall für ihre Gäste. Sie verwenden jede Aufmerksamkeit für das Kochen, kaufen frische Lebensmittel allererster Qualität, bereiten mit

Sorgfalt und Sachkunde vor, verstehen sich ausgezeichnet auf das Kochen selbst und sorgen auch für ein stimmungsvolles Ambiente. Vom Aperitif bis zum letzten Verdauungsschnaps stimmt beim Krebs alles. Ein Meister der häuslichen Gastlichkeit!

Gastgeschenke für Menschen des Sternzeichens Krebs: ein Strauß Veilchen oder selbstgepflückte Mohnblumen (halten leider nicht lange), eine gute Flasche Weißwein, ein Kochbuch »1000 klassische Rezepte« oder ein wirklich schönes Küchengerät.

Löwe-Gastgeber

können zwar rauschende Feste ausrichten, kochen aber allenfalls auf Hauskatzen-Niveau. Sie wissen das und sorgen für Abhilfe, indem sie die Köstlichkeiten entweder anliefern oder im Hause von kundiger Hand zubereiten lassen. Dabei kommt es ihnen vor allem auf effektvolle Präsentation der Speisen an. Während des Essens loben sie die Speisen und sich selbst, weil sie es ja waren, die den perfekten Party-Service oder Koch entdeckt haben.

Gastgeschenke für Menschen des Sternzeichens Löwe: ein Strauß Sonnenblumen oder Chrysanthemen, eine Flasche vollmundigen Rotweins, ein Kochbuch »1000 Rezepte der Luxusklasse« oder einen goldenen (im finanziellen Krisenfalle silbernen) Kaviarlöffel.

Jungfrau-Gastgeber

bitten nur selten zum Essen, und wenn, dann am liebsten im Kreise von Freunden oder Familienmitgliedern. Sie kochen gut, bevorzugen leichte, gut verdauliche Speisen und würzen nur milde - beste Voraussetzungen. Auch die Weine sind leicht.

Allerdings fallen die Portionen meist klein aus. Die Tafel hat vermutlich nicht den letzten Schliff, wirkt aber ordentlich und sauber. Anderenfalls verginge dem Gastgeber der Hunger.
Gastgeschenke für Menschen des Sternzeichens Jungfrau: ein selbstgepflückter Strauß Kornblumen (wenn Sie welche finden!), eine Flasche trockenen Weißweins, ein Kochbuch »1000 Rezepte, die dich gesund, reich und schön machen«, einen Terminkalender oder ein neues Computerprogramm zur Rezeptverwaltung.

Waage-Gastgeber

kochen gut und können in der Küche schlemmerhafte Höhen erklimmen, wenn sie in Stimmung und inspiriert sind. Allerdings ringen sie oft tagelang mit der Auswahl des Menüs und können sich nur schwer für den rechten Wein entscheiden. Auch die Tischdekoration beschäftigt sie lange, und selbst die Wahl der Tafelmusik nimmt Zeit und Entscheidungspotential in Anspruch. Der Qualität

des Essens tut dies keinen Abbruch: Alle Gäste werden hochzufrieden sein.
Gastgeschenke für Menschen des Sternzeichens Waage: ein Strauß weiße Rosen oder selbstgepflückte Gänseblümchen, eine Tüte Jasmintee, eine New-Age-CD mit Meditationsmusik, ein Kochbuch »1000 Rezepte der feinen Küche« oder eine Schachtel feines Schokogebäck.

Skorpion-Gastgeber

kochen ungern und halten ausgiebiges Schlemmen für Zeitverschwendung. Deshalb werden sie nur selten Gastgeber sein. Rechnen Sie in einem solchen Falle mit einem Standardessen oder der lieblos zubereiteten Variante eines anspruchsvollen Menüs. Geben Sie sich keine Mühe, die Speisen zu preisen - Skorpion-Gastgeber sind brutal ehrlich zu sich und ihren Mitmenschen und wissen um die Qualität ihrer Speisen. Sie legen keinen Wert auf Lob.

Gastgeschenke für Menschen des Sternzeichens Skorpion: ein Strauß Maiglöckchen oder ein Geranientopf, eine Flasche trockenen, gehaltvollen Rotweins, ein Kochbuch »1000 Rezepte der magischen Küche« oder eine Schachtel Käsegebäck.

Schütze-Gastgeber

können zwar glänzende Einladungen inszenieren, stehen allerdings nur selten am Herd. Da sie geschickte Organisatoren sind, werden sie aber für gute Kost sorgen. Dabei nehmen sie glücklicherweise nicht ihre eigenen geringen Ansprüche als Maßstab, sondern informieren sich aus der Fachpresse oder aus Führern über gute Küche für ihre Gäste. Dennoch: Hin und wieder finden Schützen auch eine McDonald's-Party oder ein Asien-Fest mit Essen vom Chinesen an der Ecke lustig.
Gastgeschenke für Schützen: ein Strauß Nelken oder selbstgepflückte Pusteblumen, eine Flasche Portwein, Grappa oder Obstgeist, ein Reiseführer »Alle schönen Orte dieser Erde« oder eine Schachtel feiner Pfefferminzschokolade.

Steinbock-Gastgeber

laden nur selten zum Essen, kochen betont bescheiden und langweilen manchmal mit günstigen Einkaufsquellen für Delikatessen, wie sie die Schlichtnahrung nennen, die sie anbieten. Konversation über Schwarzwurzelpreise gehört dazu. Trotz aller Einschränkung werden sie ihren Gästen ein handfestes, wohlschmeckendes Essen anbieten, das aber nie sensationelle Spitzenerlebnisse beinhaltet. Gastgeschenke für Menschen des Sternzeichens Steinbock: ein Strauß Stiefmütterchen, ein Efeu im Topf oder eine Lotusblüte, eine Flasche Enzian oder Wermut, ein Kochbuch »1000 Rezepte der sparsamen Gesundheitsküche« oder eine Schachtel Bitterorangen-Pralinés.

Wassermann-Gastgeber

sind fantasievolle und kreative Köche, die allerdings wenig Wert auf das Ambiente legen. Für sie zählt beim Essen nur das Wesentliche, nämlich das Geschmackserlebnis. Da sie das Experiment lieben,

werden sie die Gaumen ihrer Gäste hin und wieder auf eine arge Probe stellen. Rechnen Sie mit allem: kandierte Seegurke in Aspik gehört durchaus zum Repertoire. Auch lieben Wassermänner - wie jedes Gespräch - die Konversation über das Essen. Hin und wieder dozieren sie gar (»...damals in Wattenscheid, da habe ich mal eine Brieftaube zubereitet, ein zähes Luder, sage ich Ihnen...«).
Gastgeschenke für Menschen des Sternzeichens Wassermann: ein Strauß Orchideen oder Goldrute aus dem Garten, eine Papierblume oder eine gelbe Rose, eine Flasche Batida di Coco oder Rum, ein Kochbuch »1000 Rezepte der experimentellen Performanceküche« oder ein edles Glas Honig.

Fische-Gastgeber

legen mehr Wert auf stimmungsvolle Behaglichkeit als auf hochklassiges Essen. Er wird Sie aber nie mit ungenießbaren Unsäglichkeiten bewirten, sondern immer auf gute Qualität achten. Und alle werden satt, denn die Portionen oder die Zahl der Gänge stimmen. Spitzenklasse: die Tischweine und

sonstigen Getränke im Fische-Haushalt. Ausnahme hier: der immer wieder vorkommende asketische (weil schlemmereigeschädigte) Fisch. Rechnen Sie hier mit Rohkost und Wasser aus der Bergquelle.
Gastgeschenke für Menschen des Sternzeichens Fische: ein Strauß Lilien oder Flieder, eine Flasche Champagner oder alten Rum, ein Kochbuch »1000 flambierte Desserts« oder eine CD mit französischen Chansons.

Die Gesundheit

Hier geht es um die andere Seite der Ernährung, denn Essen bedeutet nicht nur Genuß. Dieser alte Satz gilt nach wie vor: Du bist, was du ißt. Aus fetten Soßen können schwerlich Muskeln wachsen. Inhaltsleeres Weißbrot gibt keine Energie, denn kraftlose Nahrung macht nicht stark.
Für das Sternzeichen Steinbock gilt allgemein: Wird ein Mensch des Sternzeichens Steinbock von gesundheitlichen Problemen geplagt, so liegt die Ur-

sache hierfür meist nicht in den Folgen eines Ernährungsfehlverhaltens. Steinböcke essen zwar gern mal reichlich, sind aber zu sparsam, um regelmäßig über die Stränge zu schlagen und sind daher eher zu dünn als zu dick. Einzig auf ihren Flüssigkeitshaushalt sollten sie besser achten: Steinböcke leben meist »zu trocken«. Mindestens zwei Liter Flüssigkeit täglich regt ihren Stoffwechsel vorteilhaft an. Auch kostengünstiges (und qualitativ hochwertiges!) Leitungswasser tut es.

Überhaupt sind Steinböcke ausgesprochen zäh und widerstandsfähig. Einzig ihre pessimistische Weltsicht kann sie in Depressionen stürzen, die auch körperliche Beschwerden an Magen und Nieren nach sich ziehen können. Außerdem quält Steinböcke eine Neigung zu Kopfschmerzen, Zahnbeschwerden und Verspannungen im Halsbereich, wahrscheinlich wegen ihrer hin und wieder verbissenen und halsstarrigen Weltsicht.

Letzter und sichtbarster Krisenpunkt: Steinböcke neigen zu Hautbeschwerden. Über lange Lebensphasen plagen sie Pusteln und Ausschläge.

Der Verdauungsapparat des Steinbock-Menschen ist - wie ihre ganze Konstitution - sehr widerstandsfähig. Wenn sie dennoch unter Verdauungsproblemen leiden, so liegt die Ursache hierfür meist auf psychischem Gebiet. Bei Problemen kommen auch Magengeschwüre vor. Da Steinböcke zu Depressionen neigen und in diesem Zustand zu wenig essen und trinken, kann es auch Vitamin- oder Mineralstoff-Mangelzustände geben.

Gesundheitstips für das Sternzeichen Steinbock

Wenn Sie lange und gesund leben wollen, sollten Sie als Angehöriger des Sternzeichens Steinbock die folgenden Regeln berücksichtigen:
1. Erste und grundsätzliche Regel: Raus ins Leben! Wenn die Sonne lacht, sollte der Steinbock nicht in der Stube hocken und Trübsal blasen.
2. Trübsinnige Winterwochen müssen mit viel Aktivität und Unternehmungen aller Art aufgeheitert werden - auch wenn es Geld kostet!
3. Gönnen Sich sich mal etwas! Gehen Sie gut und ausgiebig essen, ohne gleich auf die Rechnung zu schauen!

Was bekommt dem Zeichen Steinbock? Grundnahrungsmittel

Hamburger, Pommes Frites, Mikrowellen-Pizza und Single-Menüs aus dem praktischen Plastik-Formgefäß - die Grundnahrungsmittel der neunziger Jahre? Oder sind es eher fettiges Gyros, totgekochtes Kantinengemüse und zuckerstarrende Pausensnacks? Es gibt durchaus Sternzeichen, die wabbelnde Fleischbrötchen für eßbar halten, wenn man ihnen nicht die nötige Sachkenntnis vermittelt. Für Menschen, die das Kochen wie das Essen für eine vitale Lebensäußerung halten und beides keineswegs als lästige Verrichtungen sehen, sind natürlich frische und möglichst naturnahe Lebensmittel ein Muß.

Das Getreide

So ähnlich sie sich auf den ersten Blick auch sehen: Jedem Korn wohnt ein eigener Charakter inne. Zum Charakter des Sternzeichens Steinbock paßt der Mais, das Getreide des Saturn, das den Menschen Beharrlichkeit und Realitätssinn geben soll. Als einziges Getreide ist für den Mais eine wenig positive Wirkung bekannt: Er soll auch geistig eine gewisse Schwere verleihen und damit Höhenflüge der Fantasie bremsen. Bei uns ist er eher als Gemüse denn als Brotgetreide in Gebrauch, weil Mais für das Brotbacken nur bedingt geeignet ist.

Obst und Gemüse

Was die Angehörigen eines Sternzeichens für eine Beilage halten, ist für das andere Horoskop die Seele der Mahlzeit. Für den einen grüne oder sonstwie merkwürdig gefärbte Füllmasse - für den anderen kreatives Spielmaterial mit ungeahnten Möglichkeiten für das Auge, das ja bekanntlich mitißt. Unter den Aspekten des Horoskops betrachtet und

für die verschiedenen Sternzeichen bedeuten Gemüsesorten noch mehr: Steinböcke z.B. bevorzugen Gemüsesorten wie Rotkohl, Weißkohl, Kohlrabi, Broccoli und Rosenkohl (am liebsten überbakken). Aber auch Linsen, Sauerkraut, Erbsen und Möhren sowie Sellerie finden den Weg in ihre Köchtöpfe. Gurke und das »Gemüsegetreide« Mais werden meist in Form von Salaten verzehrt. Das absolute Lieblingsgemüse aber ist die Kartoffel (Element Erde!), die Menschen dieses Sternzeichens auf geradezu märchenhaft vielfältige Weise zuzubereiten verstehen. Von der Pellkartoffel bis zum Gratin - alles preiswerte Spitzenklasse.
Beim Obst greifen Steinböcke gern zu Apfel, Birne und Pflaumen. Da sie von Natur aus sparsam, ja geradezu asketisch angelegt sind, kommen ihnen exotische Früchte oft verschwenderisch vor. Es kann durchaus auch passieren, daß sich ein Steinbock beim Fallobst von Nachbars Baum eindeckt - so sind Steinböcke nun einmal.

Die Fleischsorten

Handelt es sich bei den Gemüsesorten schon um lebende Materie, die für uns Menschen zur Nahrung wird, so ist das Fleisch für jeden bewußten Feinschmecker noch höher mit Bedeutung aufgeladen. Unter den zwölf Sternzeichen gibt es jede Einstellung zum Verzehr von Fleisch - Typen vom gedankenlosen Hinunterschlinger bis zum fanatischen Vegetarier sind vertreten. Natürlich spielt

hierbei neben geschmacklichen Aspekten die persönliche Erfahrung, Gefühls- und Bewußtseinslage eine besondere Rolle. Im allgemeinen hat das Sternzeichen Steinbock eine Vorliebe für das Schwein, dessen Fleisch er gekocht oder knusprig geröstet verzehrt, am liebsten mit Kartoffelknödeln als Beilage. Auch zu Schinken und Speck sagt er nicht nein. Für viele Steinböcke ist auch das gebratene Hähnchen eine Leibspeise. Nur selten bekommt er seine astrologisch adäquate »Kannibalenspeise«: Ziegenbraten. Dieser mundet ihm ausgezeichnet.

Die Fischsorten

Auch hier gibt es unter den zwölf Sternzeichen natürliche Vorlieben und Abneigungen. Viele stellen sich die Frage, ob man Fische überhaupt essen soll. Nicht nur überkritische Presseberichte können den

Gourmet in Zweifel stürzen - auch die eigene Nase teilt hin und wieder Unangenehmes mit.
Angehörige des Sternzeichens Steinbock stehen dem Thema Fisch etwas reserviert gegenüber. Der im schlammigen Grund der Gewässer (Erde!) lebende Karpfen kommt gelegentlich auf den Tisch, während die Forelle wohl wegen ihrer Herkunft aus Bergbächen als Fischgericht in Frage kommt. Die Fische des weiten Ozeans sagen dem Steinbock meist weniger zu.

Süßigkeiten

In ganz besonderer Weise zerstreiten sich Gourmets und Genießer, wenn es um süße Speisen geht. Was für die einen eine perfekte Mahlzeit erst abrundet, verwischt für die anderen die eben genossenen substantiellen Geschmacksnuancen und verkleistert und verklebt nur den Geschmack für künftige Genüsse. Angehörige des Sternzeichens Steinbock haben theoretisch eine zurückhaltende Einstellung zum Thema »süß & verlockend«, weil ihr wacher Verstand gleich Verschwendung wittert. In der Praxis jedoch kommen sie nur schwer an »süßen Sünden« vorbei. Wie Naschkatzen zieht es sie zu süßem Rahm, verlockendem Kuchen und leckeren Nachspeisen. Häufig lösen sie das Problem sadomasochistisch: Süß (Zuckerbrot) wird mit Bitter (Peitsche) kombiniert. Das sehenswerte Ergebnis: Der Eisbecher mit Bitterorangen-Aroma oder ähnliche Desserts. Bitter ist schließlich gesund.

Gekocht, gebraten, roh?
Die Zubereitungsart

Das Sternzeichen Steinbock wird seine Nahrung so zubereiten, wie es das jeweilige Nahrungsmittel erfordert. Denn der Steinbock ist nicht nur ein sparsamer, sondern auch ein ungeheuer rationaler und gut informierter Mensch. Sicher wird er wissen, daß gekochtes Gemüse viel von seiner Qualität verliert und es deswegen, wenn möglich, nur blanchieren oder leicht dünsten. Auch Fleisch oder Fisch wird er schonend zubereiten und so den vollen Nährwert erhalten. Es ist seine Sachkenntnis, die den Steinbock in schlechten »Edelrestaurants« zu einem gefürchteten Kunden macht.

Die Gewürze

Sie sind die Zaubermittel in der Hand des Kochs, und der Umgang mit ihnen verrät viel über Wesen und Weltsicht eines Sternzeichens. Besonders die Dosis an Gewürzen, die der kochende Mensch seiner Speise verabreicht, sagt manches aus: Will sich der Koch für die Feinheiten und Geschmacksnuancen seiner Gerichte sensibilisieren und verwendet er seine Gewürze nur in homöopathischen Dosen? Versteht er es, die vorhandenen Genüsse geschickt zu unterstreichen und herauszuarbeiten? Oder kommt ihm die Welt der lukullischen Genüsse ganz ohne Gewürze fade und langweilig vor, so daß er mächtig in die Extreme greifen muß, um überhaupt etwas zu spüren? Doch nicht nur die Grundeinstellung zum Thema Genuß muß hier thematisiert werden. Weitere Fragen sind: Welche Gewürze entsprechen dem Zeichen Steinbock, welche schaden ihm? Auch gilt es zu unterscheiden, ob das Sternzeichen Steinbock sich als Koch oder Esser mit den Gewürzen auseinandergesetzt.

Im allgemeinen werden viele Menschen des Sternzeichens Steinbock die »bodenständigen« (Erdzeichen!) Gewürze Salz, Pfeffer und Senf wählen; ungeschult halten sie oft schon ein Lorbeerblatt für eine exotische Zutat. Wenn sie Geschmack am Würzen gefunden und die nötige Sachkenntnis erworben haben, werden Salbei und Rosmarin zu den Favoriten. Als (Hobby-)Koch wird der Steinbock alle Gewürze sach- und geschmacksgerecht einzusetzen wissen.

Rezepte für das Sternzeichen Steinbock

Steinböcke und die Mahlzeiten - was Steinböcke essen und trinken

Angehörige des Sternzeichens Steinbock organisieren ihren Alltag in allerbester Weise, sind wahre Genies bei Einkauf und Lagerhaltung und verstehen es so, eine respektable Küche traditioneller Prägung zum absoluten Kostenminimum zu gewährleisten. Alle ihre Mahlzeiten fallen vollwertig und gesund aus. Unsere Vorschläge beinhalten noch einen Funken - selbstverständlich kostengünstigen - Spaß.

Das Steinbock-Frühstück

Die folgenden Lebensmittel braucht ein Steinbock zum Frühstück - sonst fehlt ihm etwas, der Tag fängt falsch an, und er fühlt sich nicht wohl:

Bohnenkaffee mit Dosenmilch
frische Semmeln
Schwarzbrot
gekochter und roher Schinken
gekochtes Ei (Bodenhaltung)
Bierwurst, Zungenwurst
mittelalter Gouda oder Butterkäse
Tilsiter, deutsche Markenbutter
Cornflakes mit Vorzugsmilch und Zucker.

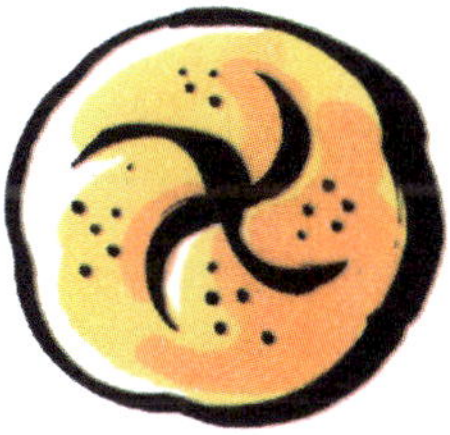

Warme Küche für den Steinbock

Bei den Hauptmahlzeiten zeigt sich der Hang zu traditioneller Küche besonders. Steinböcke lieben Bodenständiges, die Speisen unserer Vorväter und der eigenen Ahnen. Gerichte ohne Geschichte hingegen kommen auf Anhieb nicht gut an und müssen ihre Qualitäten erst noch beweisen. Dieses hier hat alle Eigenschaften, die es zu einem Steinbock-Klassiker machen könnten:

Ehrenfelder Schichtkohl mit Hackfleisch aus dem Ofen

Für vier Personen ✿ Jürgen Schmieder

500 g Hackfleisch halb und halb	*2-3 Lorbeerblätter*
3 El Öl	*500 g Kartoffeln*
40 g Speckwürfel	*500 g Weißkohl*
Salz	*4 dicke Zwiebeln*
Pfeffer	*2-3 Gewürznelken*
Paprika	*250 ml Sahne*
125 ml Brühe	*Butterflocken*

Das Fleisch mit dem Speck in Öl gut anbraten. Mit Salz, Pfeffer und Paprika würzen, mit Brühe ablöschen und 20 Minuten vorgaren. Zwiebeln und Kartoffeln schälen und in dünne Scheiben schneiden. Den Weißkohl roh in einzelne Blätter zerteilen und grob zerschneiden. Eine feuerfeste Form einfetten und abwechselnd Fleisch, Zwiebeln, Kartoffeln und Kohl einschichten. Dabei die Kartoffeln leicht salzen, den Lorbeer und die Nelken mit einlegen, die Brühe zugeben und das Ganze bei 175°C etwa 10 Minuten schmoren lassen. Danach die Sahne würzen und über das Gericht gießen, mit den Butterflocken bestreuen und noch einmal für 40 Minuten in den Backofen schieben. In der Form servieren und mit Salat oder Gewürzgurken essen.

Ein weiteres Gericht aus traditioneller Quelle, wie es viele Steinböcke mögen - besonders dann, wenn das Rezept von der eigenen Urgroßmama stammt:

Urgroßmutter Tia's Schweineroulade mit Serviettenklößen

Für vier Personen *Jürgen Schmieder*

Rouladen-Zutaten::

900 g Schweinefleisch	*120 g feine Gemüsestreifen*
(aus der Keule, z.B. Oberschale	*(Karotte,Sellerie,Lauch)*
oder Nuß)	*Salz, Pfeffer*
dünne Scheiben Schinkenspeck	*Fett zum Braten*
200 g Spinat	*400 ml Brühe*
120 g Magerquark	*400 ml Sahne*
40 g Senf	*heller Soßenbinder nach Bedarf*

Schweinefleisch in acht gleichmäßige Scheiben schneiden (kann auch der Biometzger) und sehr dünn klopfen. Spinat putzen und blanchieren. Quark und Senf verrühren und die Rouladen auf einer Seite damit bestreichen. Den Spinat flach darauf verteilen und die Gemüsestreifen am vorde-

ren Ende auflegen. Rouladen rollen und mit Salz und Pfeffer würzen. Dann fest mit den Schinkenstreifen umwickeln. Fett in einem Bräter erhitzen, in dem die Rouladen gerade Platz haben. In heißem Fett kurz nacheinander von zwei Seiten so anbraten, daß sich der Schinken nicht löst. Rouladen zur Seite legen und im selben Fett die in Würfel geschnittenen Zwiebeln anbraten. Mit Brühe und Sahne auffüllen und die Rouladen hineinlegen. Kurz aufkochen und im vorgeheizten Ofen bei etwa 220°C ca. 60 bis 90 Minuten schmoren lassen. Wenn die Rouladen gar sind, wird die Sauce püriert und durch ein Sieb passiert. Dann eventuell mit Soßenbinder eindicken und mit etwas Sahne verfeinern. Zum Anrichten wird Oma Tia's Roulade aufgeschnitten und im Saucenspiegel serviert.

Knödel-Zutaten:
300g altbackene Brötchen
30 g Butter
300ml Milch
2 Eier
60 g Mehl
100 g Zwiebelwürfel
20 g gehackte Petersilie
Salz
Muskat

Die Brötchen in Würfel von 1,5 cm Kantenlänge schneiden. Die Zwiebelwürfel in der Butter farblos anschwitzen. Die Milch mit Salz und Muskat erwärmen und über die Brötchenwürfel geben. 15 Minuten durchweichen lassen. Die restlichen Zutaten über die Brotmasse geben und vorsichtig unterheben. In einer ausgewaschenen Serviette oder einem Küchentuch die Knödelmasse einrollen und an den Enden mit Bindfaden verschließen. In gesalzenem Wasser etwa 15 bis 20 Minuten garziehen lassen, nicht stark kochen. Nach kurzem Abtropfen wird der Knödel ausgepackt und in daumendicke Scheiben geschnitten.

Das Liebesmenü

Im Liebesrausch messen Angehörige des Sternzeichens Steinbock Speisen und Getränken eine besondere Bedeutung bei. Sie wählen die Rezepte mit besonderer Liebe aus, greifen zu Altbewährtem und stecken enormen Aufwand in die Zubereitung. Liebespartner, die luxuriöses Lotterleben als Begleitmusik zum Fest der Liebe erwarten, werden enttäuscht sein: alles solide Konvention. Sättigend, wohlschmeckend, aber ohne Flair. Bescheiden eben, wie der Steinbock. Auch wird kein Champagner in den Gläsern sprudeln - mit viel Glück Sekt der preiswerten Hausmarke...

Forellenmousse mit Apfelsalat
Gegrillte Schweinemedaillons mit Salbeibirnen
Polentaschnitte

Für zwei Personen ✿ Jürgen Schmieder

Mousse-Zutaten:

100 g Räucherforellenfilet
1El Créme fraîche
5cl Fischfond
(gibt's im Glas zu kaufen)
3 Blatt Gelatine
90 g geschlagene Sahne
etwas Zitronensaft
2-3 Zweige Dill
Salz, Cayennepfeffer

Den Fisch von Haut und Gräten befreien. Den Dill zupfen, etwas zur Garnitur zurückbehalten. Im Fischfond Haut, Gräten und Dillstengel erwärmen, dann ziehen lassen. Die Gelatine in kaltem Wasser quellen lassen. Den Würzfond abseien und die Gelatine darin auflösen. Dann den Fond zusammen mit dem Fisch, der Créme fraîche, dem Dill und den Gewürzen in der Küchenmaschine fein pürieren. Unter die kalte, gerade stockende Masse wird die Sahne gehoben und mit etwas Zitronensaft abgeschmeckt. In einem Gefäß mit hohem Rand abgedeckt zwei Stunden in den Kühlschrank stellen. Zum Servieren nimmt man einen Suppenlöffel, hält ihn kurz in warmes Wasser und sticht dann große Nocken aus der Mousse.

Salat-Zutaten:

1 großer Apfel	*1 El Nußöl*
1 feingewürfelte Schalotte	*Zitronensaft*
1 Bd. Schnittlauch	*4 schöne Blätter Lollo Rosso o.ä.*

Der Apfel wird gut gewaschen, geviertelt, entkernt und dann in dünne Scheiben geschnitten. Darüber kommt der Zitronensaft und das Öl. Den feingeschnittenen Schnittlauch und die Zwiebel gibt man ebenfallls dazu. Mit Salz abschmecken.
Auf einem Teller richtet man nun den Salat und die Mousse in den Salatblättern an und dekoriert mit dem restlichen Dill.

Medaillons:
1 kleines Schweinefilet
in 4 gleiche Teile geschnitten
Öl
Salz
Mehl

Die Medaillons werden leicht plattiert, gesalzen, mehliert und dann in der Pfanne gebraten (je Seite vier Minuten).

Birnen:
2 feste Birnen
1 Bund Salbei
50 g Butter
1El Honig
Salz

Die Birnen werden geschält, gesechstelt und entkernt. Der Salbei wird gezupft und die Blätter in feine Streifen geschnitten.Die Butter in einer Pfanne erhitzen, die Birnen, den Salbei und den Honig dazugeben. Vorsichtig umrühren und etwa zwei Minuten köcheln lassen. Die Birnen werden über die Schweinefiletmedaillons gegeben und serviert.

Polenta-Zutaten:
500 g Wasser
125 g Maisgrieß
20 g Butter
30 g geriebener Parmesan
Salz

Das Wasser mit dem Salz und der Butter zum Kochen bringen. Den Grieß zügig dazugeben. Der Brei muß kochen und dabei ständig umgerührt werden. Vorsicht: Polenta spritzt gerne und man kann sich dabei prima verbrennen. Wenn sich der Teig vom Boden des Topfens löst gibt man den Parmesan dazu. Jetzt wird die Polenta in ein gebuttertes, flaches Geschirr gegeben und ca. 1,5 cm hoch verteilt.

Die Oberfläche soll glatt und der Rand gleichmäßig sein. Sobald die Polenta ausgekühlt ist, wird sie gestürzt und in gleichmäßige, 4-5 cm große Dreiecke oder Rauten geschnitten. In Butter wird die Polenta knusprig gebraten und serviert.

Das Gesundheitsmenü

Schwer, etwas besonders Gesundes für dieses Zeichen zu kochen, denn Steinböcke wissen selbst nur allzu gut, was ihnen bekommt. Aber wir wollen es dennoch versuchen. Das folgende Gericht bekommt Steinböcken (und den Angehörigen aller Zeichen mit dem Element Erde) besonders gut:

Gefüllte Kohlrabi auf Linsensprossengemüse

Für vier Personen – Jürgen Schmieder

Zutaten Kohlrabi:

8 große Kohlrabi
2 kleine Zwiebeln
50 g Butter
3 Kartoffeln
1 rote Paprika
2 Eigelbe
1Bund Kerbel
Salz, Pfeffer

Die Kohlrabi schälen, das obere Drittel abschneiden und mit einem Ausstecher oder einem kleinen Löffel die Kohlrabi aushöhlen. Die Kohlrabi in Salzwasser sehr knackig kochen. Nun die geschälten Kartoffeln ebenfalls kochen und zerdrücken. Die Kohlrabideckel und das Innere mit den Zwiebeln in Butter dünsten und zerdrücken. Die Paprika in kleine Würfel schneiden, den Kerbel kleinhacken, etwas für Dekoration zurückbehalten. Kartoffel, zerdrückte Kohlrabi, Paprika, Kerbel und Eigelbe vermengen und mit Salz und Pfeffer abschmecken. Die Masse wird in die ausgehölten Kohlrabi großzügig verteilt. Die Kohlrabi werden in ein ausgebuttertes, feuerfestes Geschirr gegeben und im Ofen bei 180°C ca. 15 Minuten gebacken.

<u>Gemüse-Zutaten:</u>
200 g Linsensprossen (kann man kaufen oder, wer mag, auch selbst keimen lassen. Anleitungen gibt es in jedem Naturkostladen)
200 g frische Gemüsewürfel gemischt, je nachdem was es gerade auf dem Markt gibt, z.B Karotte, Sellerie, Petersilienwurzel, Steckrüben, Pastinak, Kohlrabi, Lauch, ...
Butter
Salz
Pfeffer
1 Knoblauchzehe
1 Bund Schnittlauch

Die Butter erhitzen und den zerhackten Knoblauch kurz darin anschwitzen. Dann die Gemüse und Sprossen vier bis sechs Minuten kross braten. Mit Salz und Pfeffer abschmecken und mit Schnittlauch bestreuen Die Kohlrabi werden auf dem Gemüse angerichtet und mit Kerbel garniert.

Wenn Steinböcke essen gehen

Vielleicht ein- oder zweimal im Jahr werden sich Menschen dieses Zeichens diesen Luxus gönnen. Manche betreten Speiselokale nur auf Geschäftsreisen und essen dann auf Firmenkosten - für den ehrlichen Steinbock kein Grund zu prassen. Steinböcke werden ein konventionelles Lokal mit bevorzugt klassischer Küche wählen und vor allem auf das Preis-Leistungs-Verhältnis achten. Steinböcke bekommen immer ein Maximum für ihr Geld. Edelrestaurants besuchen normale Steinböcke selten; dabei könnten sie dort gut und preiswert essen, weil mancher Gastronom wegen ihrer sachkundigen Anfragen einen Tester oder Freßkritiker in ihnen vermutet.

Peinlich für alle Beteiligten können Streitgespräche zwischen Steinböcken und Gastronomen werden, wenn der Steinbock ihnen in seiner halsstarrigen Art die überhöhten Gewinnspannen für die Gerichte um die Ohren haut. Wie kann es sein, daß der Seewolf als fertiges Gericht DM 66,- kostet, wenn doch ein Kilogramm dieses edlen Fisches auf dem Fischmarkt für DM 20,- zu haben ist?

Der Kenner dieses Sternzeichens weiß: Besser nicht auf eine Konfrontation einlassen - senken Sie den Preis für den Steinbock um DM 2,50 - und es hat ihm nie so gut geschmeckt wie bei Ihnen...
Aus ähnlichen Gründen verdursten Steinböcke in Lokalen manchmal nahezu, nämlich dann, wenn die Getränkepreise etwas höher sind als üblich. Steinböcke vermuten dahinter gleich eine perfide Ausbeutungsstrategie und warten deshalb lieber auf das preiswertere Getränk zu Hause. Dabei ist gerade dieses »trockene« Erdzeichen auf ausreichende Flüssigkeitsmengen angewiesen.

Abneigungen des Sternzeichens Steinbock: Steinböcke mögen keine Experimente. Sie hassen exotische Gerichte, solange sie sich nicht überwinden konnten, diese zu probieren, essen aber wiederholt, was ihnen mundet. Da weiß man, was man hat.

Das Ambiente
Wie und wo Steinböcke gern essen

Es muß nicht immer das teure und luxuriöse Lokal oder die festlich gedeckte Tafel sein - oft liegt der Reiz im Kontrast: Ein Hamburger auf echtem Meißner Teller verblüfft ebenso wie ein Fünf-Gänge-Menü im Hinterhof. Menschen des Sternzeichens Steinbock schätzen derartige Gags meist nicht. Ihnen liegt das konventionelle und gediegene Lokal der gemäßigten Preiskategorie. Das Interieur sollte geschmackvoll, aber nicht protzig oder überelegant wirken, sonst schließt der Steinbock daraus auf die Qualität der Speise (»Schauküche«) und erwartet unangemessene Preisgestaltung.
Eine Tischdekoration in dunklen Farben, mit Farbakzenten dezent belebt, entspricht ihrer Grundstimmung und heitert sie zugleich auf. Als Aperitif schätzen sie einen Wermut, als Digestif einen Bitterlikör - das Leben ist eben so.

Tausend Jahre dasselbe wenn Steinbock-Köche kochen

Rechnen Sie nicht mit Überraschungen, wenn ein Steinbock kocht. Wahrscheinlich werden wieder die altbewährten Gerichte wie Rollbraten mit Erbsen und Möhren, Königsberger Klopse, Brathähnchen oder Rouladen mit Knödeln auf dem Tisch stehen, die Steinbock-Menschen bereits von ihrer Mutter oder Großmutter oder gar Urgroßmutter kennen. Zubereitet sind sie allerdings ausgezeichnet, wenn auch die Portionen den Angehörigen anderer Sternzeichen ein wenig klein vorkommen werden. Die Zutaten für die Gerichte werden von hervorragender Qualität sein, denn Steinböcke sind Weltmeister im kostenbewußten Einkaufen. Besonders lieben sie den Wochenmarkt, denn hier stimmt das Preis-Leistungs-Verhältnis.

Zu den Erleuchtungen gehören die Nachtischgerichte, die Steinböcke zubereiten, denn hier liegen auch ihre eigenen lukullischen Vorlieben. Ihre Cremes und Puddinggerichte entschädigen für den erlittenen Kalorienmangel im Hauptgang und gleichen ihn mehr als aus…

Sublime Cuisine

Das Rezept eines prominenten Steinbock-Kochs

Wenn ganz normale Menschen kochen, schmeckt es gut - oder auch nicht. Wenn einer der Meister seiner Zunft ein Gericht zubereitet oder ein Menü kreiert, wird Essen zum Erlebnis, zum sensitiven und intellektuellen Fest oder gar zur Erleuchtung. Für das Sternzeichen Steinbock kocht dankenswerterweise:
Thomas Röttger (*22.12.1956) ist sich unsicher, ob die Sterne das Leben der Menschen beeinflussen. Er führt das »Hotel Röttger« und das Restaurant »Gourmet Stübchen« in Rennerod/Westerwald und hat zwei Berufe erlernt: Bäckermeister und Küchenmeister. Seine Küche enthält auch zahlreiche regionale Einflüsse, setzt Schwerpunkte bei Wild-, Fisch- und Geflügelgerichten und erhielt zahlreiche Auszeichnungen (u.a. 14 Punkte im Gault Millau, 3 Kochlöffel im Aral-Schlemmeratlas und einen Michelin-Stern). Die im Restaurant gebotenen Backwaren stammen ebenso aus eigener Herstellung wie der Großteil der verwendeten Gemüsesorten.

Gelegentlich ist Thomas Röttger auch pädagogisch tätig und gibt an der Grundschule »Geschmacksunterricht«. Seine Lektionen schmecken den Schülern so gut, daß sie sogar nachsitzen wollen…
In seiner Freizeit pflegt Thomas Röttger ein Hobby, das ebensogut zum Westerwald wie zu seinen kulinarischen Vorlieben paßt: Er züchtet Dam- und Schwarzwild.
Sein kleines Menü für sein Sternzeichen Steinbock:

Westerwälder Forellentorte auf Thymianbiskuit

Für vier Personen *Thomas Röttger*

Zutaten:

2 Eier
20 g Zucker
1 Prise Salz
50 g Mehl
1 TL Thymian, gehackt
20 g flüssige Butter
150 g geräuchertes Forellenfilet
90 g Veloute (Mehlschwitze, mit Milch verkocht)
1 1/2 Blatt Gelatine
100 g geschlagene Sahne
1 TL Meerrettich
Zitronensaft
250 ml Riesling
1 TL gehackter Dill
3 Blatt Gelatine

Die Eier, das Salz und den Zucker in der Küchenmaschine schaumig aufschlagen, das gesiebte Mehl und den Thymian unterheben und 20 g flüssige Butter unterziehen. Die Masse im 15 cm durchmessenden Tortenring bei 220°C im Ofen backen und erkalten lassen. Den Biskuit in 3 cm hohen Boden schneiden.

Dann 150 g Forellenfilet mit 90 g Veloute, eineinhalb Blatt aufgelöster Gelatine, dem Meerrettich, dem Salz und dem Zitronensaft im Küchenmixer fein pürieren und durch ein Sieb streichen. Die steifgeschlagene Sahne unterheben. Den Biskuitboden in den Tortenring legen, das Forellenmousse darauf glattstreichen und ca. eine Stunde kaltstellen. Den Riesling und die eingeweichte Gelatine erwärmen, den gehackten Dill zugeben, abkühlen lassen und als Tortenguß auf die Torte gießen. Wenn alles erkaltet ist, den Tortenring abheben und die Torte in sechs Teile schneiden, mit einem kleinen Salatbouquet anrichten.

Westerwälder Prachthahn mit Estragon in Wermutsauce

Für vier Personen ✿ Thomas Röttger

Zutaten:

1 Hahn von ca. 1,7 kg
1 l Hühnerfond
Mehl
2 Eßl. Echalotten
200 ml Noilly Prat
Salz, Pfeffer
frischer Estragon
Olivenöl
100 ml Sahne
1 Eigelb

Den Hahn zerteilen und mit Salz und Pfeffer würzen, in Mehl wenden und im heißen Olivenöl anbraten. Gut bräunen und Echalottenwürfel zugeben. Auffüllen mit Hühnerfond und Noilly Prat. Bei milder Hitze ca. 25 Minuten im Ofen garen. Wenn die Hühnerteile gar sind, mit der Gabel rausnehmen und warmstellen. Die Soße durch ein Sieb passieren, frischen Estragon zugeben und mit

aufgemixtem Eigelb und Sahne legieren. Als Beilage in die Soße passen gut frische Morcheln und Spargel oder Kaiserschoten.

Kartoffel-Ziegenkäseknödel auf Honiggelee

Thomas Röttger

Zutaten:

250 g mehlig kochende Kartoffeln	*80 g Honig*
20 g Kartoffelstärke	*150 g Honigwein*
30 g Hartweizengrieß	*220 ml Riesling*
1 Eigelb	*5 Blatt Gelatine*
abgeriebene Schale von 1/2 unbehandelten Zitrone	*100 g Brösel*
400 g Ziegenfrischkäse	*75 g Butter*

Die Kartoffeln im Backofen garen, die Haut abziehen und die Kartoffeln durchpressen. Die Kartoffelstärke, den Hartweizengrieß, das Eigelb und die Zitronenschale zugeben und zu einem Teig kneten. Acht Knödel formen und in die Mitte je 50 g Ziegenfrischkäse geben. Im siedenden Salzwasser gar ziehen lassen und anschließend in Butter und Brösel wenden.
Honig, Honigwein und Riesling erwärmen und eingeweichte Gelatine zugeben. Ca. acht Stunden zum Gelieren kaltstellen. Das Honiggelee durch die Spätzlepresse drücken und auf vier Teller in der

Mitte verteilen. Je zwei Knödel pro Teller in den Honigweingelee legen, mit Puderzucker bestreuen und mit Zitronenmelisse garnieren.
Da Sie aber als echter Steinbock eher ein süßes Dessert bevorzugen werden, so könnten Sie eines der beiden folgenden wählen:

Karamelisiertes Pfirsichparfait

Für vier Personen ✿ Thomas Röttger

Zutaten:

500 g Pfirsichfleisch
80 g Zucker
3/4 Zitronen
50 g Weißwein
3 Eigelb
40 g Zucker
1 Eiweiß
25 g Zucker
300 g Schlagsahne
6 cl Pfirsichlikör

Das Pfirsichfleisch, den Zucker, den Zitronensaft und den Weißwein aufkochen, ziehen lassen, pürieren und durch ein Sieb streichen. Die drei Eigelb und 40 g Zucker mit dem Püree heiß und kalt aufschlagen (im heißen Wasserbad cremig schlagen; dann die Schüssel in kaltes Wasser stellen und die Masse schlagen, bis sie abgekühlt ist). Ein Eiweiß mit 25 g Zucker zu Schnee schlagen und mit der Schlagsahne unter die Masse heben. Mit dem Pfirsichlikör abschmecken und im Tiefkühlschrank gefrieren. Nach dem Gefrieren in Scheiben schneiden, stark mit Puderzucker bestreuen und mit einem Bunsenbrenner karamelisieren. Sollte Ihnen ein solches Gerät fehlen: Es schmeckt auch ohne, allerdings nicht ganz so gut. Das Parfait auf dem Teller mit Pfirsichsauce umgeben.

Ganz besonders kommt die folgende »süße Sünde« den Bedürfnissen des Steinbocks nach. Dieses Dessert bietet echtes *understatement*: Es kostet wenig, ist einfach zuzubereiten und führt den Steinbock doch in den siebten Himmel aller Naschgenüsse:

Mandel-Bisquit-Omelett

Thomas Röttger

Zutaten:
1 Eigelb
1 Eiweiß
50 g Zucker
50 g Mehl
20 g gehobelte und geröstete Mandeln
Amaretto

Das Eigelb, den Zucker und den Amaretto aufschlagen, dann das Mehl, das geschlagene Eiweiß und die Mandeln unterheben. In der Pfanne anbacken und danach im Backofen (Einstellung Grill) oder im Grill fertigbacken. Auf dem Teller kräftig mit Puderzucker bestreuen.